ASSOCIATION FRANÇAISE

POUR

L'AVANCEMENT DES SCIENCES

FUSIONNÉE AVEC

L'ASSOCIATION SCIENTIFIQUE DE FRANCE

(Fondée par Le Verrier en 1864)

Reconnues d'utilité publique

CONGRÈS DE LYON

(2-7 Août 1906)

12e SECTION (SCIENCES MÉDICALES)

Président M. le Professeur TEISSIER

INFLUENCE DES RAYONS DE RŒNTGEN

SUR LE SANG ET LES ORGANES HÉMATOPOIÉTIQUES

Traitement de la Leucémie.

RAPPORT PRÉSENTÉ

Par M. F. BARJON

Médecin des Hôpitaux de Lyon

PARIS

AU SECRÉTARIAT DE L'ASSOCIATION

Hôtel des Sociétés savantes

28, RUE SERPENTE. 28

1906

INFLUENCE DES RAYONS DE RŒNTGEN

SUR LE SANG ET LES ORGANES HÉMATOPOIÉTIQUES

Traitement de la Leucémie.

PAR

M. F. BARJON

Médecin des Hôpitaux de Lyon

La découverte des rayons de Rœntgen date à peine de dix ans; et nous ne sommes pas au bout des surprises que nous réserve l'utilisation médicale de cet agent merveilleux. Une des plus récentes est l'influence extraordinairement puissante que ces rayons exercent sur le sang et les organes hématopoïétiques. Il y a trois ans, ces notions étaient complètement insoupçonnées, car c'est seulement le 8 avril 1903, qu'un auteur américain, Senn, publia dans le *New-York medical Journal* les deux premières observations de Leucémie, traitées avec succès par les rayons X. Cette publication eut un certain retentissement : elle faisait luire un espoir à l'égard d'une maladie essentiellement grave, à marche progressive et fatale, inaccessible aux ressources de la thérapeutique médicamenteuse. Elle provoqua tout de suite des recherches expérimentales explicatives et confirmatives, et les premiers travaux d'Heineke, parurent quelques mois plus tard.

Dès lors, l'observation et l'expérience marchèrent de pair; mais la clinique avait devancé le laboratoire.

Bien que cette question soit tout à fait neuve, les documents scientifiques qui la concernent sont déjà nombreux et variés; on les trouve disséminés dans la presse médicale de tous les pays du monde.

Pour en faire une étude méthodique, nous les classerons en trois grands groupes, qui nous serviront de têtes de chapitres.

Avec les uns, nous étudierons *les faits;* c'est-à-dire les nombreuses observations cliniques faites au lit des malades soumis à cette méthode de traitement; plus particulièrement des leucémies myélogènes ou lymphocytaires, mais aussi des anémies pernicieuses progressives, des purpuras, des pseudo-leucémies ganglionnaires aleucémiques.

Une seconde catégorie de travaux aura pour objet de nous initier aux recherches expérimentales entreprises pour surprendre au sein même des organes, leurs transformations; élucider le secret de leurs métamorphoses, et *en tenter une explication.*

Enfin, en dernier lieu, nous jetterons un coup d'œil d'ensemble sur la question et les *résultats obtenus*, pour apprécier impartialement les données acquises, et en déduire la *valeur thérapeutique de la méthode.*

I. — Les faits observés

Depuis les premières observations de Senn, publiées en 1903, un grand nombre d'autres ont vu le jour. Un élève de Béclère en rassemblait déjà près de 150, l'année dernière, dans son travail inaugural (thèse de Beaujard, Paris 1905); et, depuis, un certain nombre de cas nouveaux ont été observés. On peut tabler, aujourd'hui, sur environ 200 observations de leucémie, traitées par les rayons de Rœntgen.

Beaucoup d'auteurs, dans tous les pays, ont apporté leur pierre à l'édifice.

En Amérique : à la suite de Senn : Brown, Steinwand, Capps et Smith, Bryant, Crane, Evans, Joachim et Kurpjuweit.

En Angleterre : Ledingham et M. C. Kerron.

En Italie : Bozzolo, Colombo, Guerra, Cantu et Ranzoli.

En Allemagne : Schenk, Ahrens, Herz, Krause, Wolff, Hoffmann, Schiffer, Wendel, Fried, Winkler, Lommel, Rosenbach, Schleip et Hildebrand.

En France : Guilloz et Spilmann, Béclère, Aubertin et Beaujard, Sabrazès, Weil et Noiré, Rénon et Tixier, etc.

Leucémie myélogène. — La plupart des observations publiées se rapportent à des cas de leucémie myélogène, avec splénomégalie. Ces malades ont été soumis à des irradiations systématiques, qui ont porté, dans l'immense majorité des cas, sur la rate, quelquefois sur les centres hématopoïétiques : moelle rouge des os, sternum et extrémité des os longs, beaucoup plus rarement sur le foie. Les modifications favorables, observées par les opérateurs, ont trait à la composition du sang, au volume de la rate et des ganglions, au relèvement de l'état général. Les résultats obtenus ont paru très encourageants.

Modifications du sang. — Ce sont, de beaucoup, les plus importantes, elles intéressent la teneur du sang en éléments figurés (globules blancs et globules rouges) et en hémoglobine; les variations qualitatives de la formule hémoleucocytaire.

Globules blancs. — Les *globules blancs* sont certainement les éléments les plus sensibles à l'action des rayons de Rœntgen; très rapidement, parfois quelques minutes seulement après l'irradiation, on observe déjà des variations quantitatives et qualitatives. L'abaissement du chiffre global des globules blancs, tantôt précède, tantôt suit l'amélioration qualitative de la formule hémoleucocytaire, suivant les formes de la leucémie. Cet abaissement a été noté par tous les auteurs, mais il a été étudié, d'une manière particulièrement instructive et intéressante, par MM. Aubertin et Beaujard (Soc. Biologie, 11 juin 1904) et *(Press. Méd.*, août 1904).

Ces auteurs ont constaté que la diminution du nombre des leucocytes n'est pas régulièrement progressive. Chaque séance est suivie d'une élévation immédiate, souvent considérable, du chiffre des globules blancs; puis l'abaissement se produit lentement et progressivement pendant les jours qui suivent, jusqu'à descendre au-dessous du chiffre primitif. Après une série d'oscillations de ce genre, on arrive à un abaissement très considérable, parfois voisin du chiffre normal. Brown, dans un cas, a vu le taux des globules blancs tomber de 800.000 à 8.000 par millimètre cube. Acufia et Costa ont confirmé les conclusions de Aubertin et Beaujard sur les oscillations leucocytaires, qui suivent la séance et précèdent l'abaissement. La leucocytose passagère est produite par un apport considérable de polynucléaires, la diminution coïncide avec l'apparition d'abondants éléments dégénérés dans les préparations (noyau diffus, protoplasma vácuolé).

Parallèlement à cette modification quantitative, se produit aussi une transformation qualitative. La formule hémoleucocytaire de la leucémie myélogène est caractérisée par la diminution du chiffre des polynucléaires, et l'apparition, dans le sang, d'éléments anormaux, issus directement de la moelle, et pour cela dits myélocytes. Sous l'influence des irradiations, on voit ces myélocytes diminuer peu à peu et parfois disparaître complètement tandis que les polynucléaires remontent à leur chiffre normal. Chez un de mes malades, j'ai observé les modifications suivantes, au bout d'un mois et demi de traitement :

	Avant	Après
Poly neutrophiles.	24	64
Myélocytes neutrophiles.	36	20
Mono non granuleux.	15	2
Lymphocytes.	2	9
Eosinophiles.	1	3
Éléments déformés en voie de destruction. . .	22	2
	100	100

Globules rouges. — *Les globules rouges* ne semblent pas être influencés directement par les rayons de Rœntgen, non plus que l'*hémoglobine*. On ne note jamais aucune variation brusque, après les séances d'irradiation ; il n'y a ni destruction rapide, ni reconstitution hâtive. Toutefois, ces éléments présentent dans le cours de l'évolution de la maladie, pendant le traitement, des variations qui, pour être moins sensibles et moins franchement en rapport avec les irradiations, n'en ont pas moins une grande importance. Ce sont elles, comme nous le verrons plus loin, qui contribuent à orienter le pronostic, et tel malade, dont les globules blancs persistent à un chiffre élevé, retirera quand même un grand bénéfice du traitement, si ses globules rouges et son hémoglobine continuent à croître ; tandis que, chez tel autre, malgré un abaissement du chiffre des globules blancs, au voisinage de la normale et même au-dessous, malgré une diminution parallèle du volume de la rate, on verra la maladie continuer son évolution progressive et même aboutir à la mort si le chiffre des globules rouges et le taux d'hémoglobine s'obstinent à décroître malgré le traitement. Ces notions, bien mises en valeur par Rénon et Tixier, sont parfaitement exactes, ainsi qu'on peut le vérifier chez certains malades.

Rate. — Après les modifications produites du côté du sang, ce sont celles de la *rate* qui sont les plus importantes. On sait que, dans la leucémie, cet organe est le plus souvent très hypertrophié. Il acquiert parfois un volume tel qu'il remplit presque toute la cavité abdominale, occupant tout l'hypocondre et toute la fosse iliaque gauche, débordant la ligne médiane, souvent de plusieurs centimètres. On a cité des rates de 7 kilogrammes; les poids de 1 à 3 kilogrammes sont très fréquents. La dureté est parfois ligneuse; certaines rates sont douloureuses, avec de la périsplénite.

Sous l'influence du traitement par les rayons de Rœngten, on voit se produire, localement, des modifications importantes. Les douleurs, quand elles existent, sont rapidement calmées puis, peu à peu, la rate diminue de volume, elle devient moins dure, moins épaisse, se mobilise; petit à petit on arrive à la déplacer facilement par la palpation et même à la remonter complètement sous le rebord des fausses côtes quand la diminution de volume est assez marquée. On a cité des cas extraordinaires de rates de 28 et 30 centimètres de longueur, fondant pour ainsi dire complètement sous l'influence des irradiations, reprenant leur volume normal et devenant même tout à fait inaccessibles à la palpation (Ahrens-Fried). Ces cas sont du reste tout à fait exceptionnels. Ce qu'on voit ordinairement ce sont dés rates qui diminuent d'un quart, de la moitié et parfois des trois quarts de leur volume primitif. Chez certains malades le volume de la rate est resté stationnaire, malgré un traitement actif et assez prolongé.

Ganglions. — Les ganglions inguinaux, axillaires et cervicaux, que l'on observe dans quelques cas, sont aussi susceptibles d'une diminution de volume appréciable et parfois peuvent disparaître complètement.

Etat général. — Outre cette action locale et pour ainsi dire spécifique sur le sang, la rate et les ganglions, les irradiations semblent avoir aussi une influence favorable sur l'état général des malades. Les forces leur reviennent progressivement; ils secouent plus facilement l'apathie qui les engourdissait; ils s'occupent plus volontiers de leurs affaires. L'anorexie fait place à un appétit plus aiguisé, le poids augmente malgré la diminution de volume de la rate et la disparition des œdèmes. Les malades accusent plus de résistance et de courage. Ils voient disparaître les sueurs qui apparaissaient au moindre effort. L'albuminerie cesse ou diminue. Des femmes ont assisté au retour de leurs règles qui avaient manqué depuis plusieurs mois (Senn-Schiffer).

Fièvre. — Chez les malades fébriles, la température est aussi favorablement influencée par les irradiations. On voit ordinairement la fièvre céder pendant les jours qui suivent les séances. Chez un malade, dont j'ai publié l'observation, avec Cade et Nogier, cette modification de la courbe thermique était très manifeste après chaque séance, et cependant chez ce malade, gravement atteint et traité tardivement, nous ne pûmes rien obtenir, ni du côté du sang, ni du côté de la rate.

Urines. — Quelques observateurs (Rosenberger-Königer, d'Erlengen) ont vu se produire également quelques modifications urinaires chez les leucémiques pendant et après le traitement par les rayons Rœntgen. Ils ont insisté surtout sur l'augmentation notable de l'excrétion de l'acide urique, qui serait en rapport avec une abondante destruction de leucocytes et une mise en liberté correspondante de nucléine.

Leucémie lymphocytaire. — Dans un certain nombre de cas de *leucémie lymphocytaire* on a appliqué la même méthode de traitement. On sait que cette forme diffère de la précédente, dite myélocytaire, par une formule hémo-leucocytaire toute différente. Il y a, dans les deux cas, augmentation très considérable du chiffre des globules blancs; mais ici, ces leucocytes sont constitués presque exclusivement par de petits lymphocytes qui atteignent la proportion de 90 à 95 pour 100. Les modifications portent, au double point de vue qualitatif et quantitatif, mais elles se passent d'une façon un peu différente ainsi que l'ont montré Aubertin et Beaujard. La première en date est la modification quantitative. Progressivement, le chiffre des globules blancs diminue. La courbe, qui figure cette diminution, est régulièrement descendante et ne présente pas ces oscillations, ces alternatives d'élévation et d'abaissement qu'on voit dans la forme myélocytaire. Par contre, malgré une réduction importante du chiffre des globules, la proportion des lymphocytes reste longtemps élevée et ce n'est que tardivement, lorsque ce chiffre se rapproche de la normale, ou même lorsque se montre une véritable leucopénie, que les modifications qualitatives tendent à s'accentuer. La proportion des polynucléaires augmente au détriment des lymphocytes, mais l'équilibre est long et difficile à obtenir. Il y a donc une véritable opposition entre ces deux formes de leucémie. Dans la première, l'amélioration qualitative est régulière et assez rapide, tandis que les modifications quantitatives sont plus lentes, plus irrégulières, soumises à toute une série d'oscillations. Dans la seconde, au contraire, l'amélioration est primitivement quantitative et régulière; ce n'est que lorsqu'elle atteint à la leucopénie qu'elle se complète de l'amélioration qualitative. (Aubertin et Beaujard.) (Soc. de Biologie et *Arch. gén. de méd.* 1905.)

Lymphadénie. — On a encore utilisé les rayons de Rœntgen dans la lymphadénie lymphatique aleucémique, ou pseudo-leucémie ganglionnaire aleucémique. Chez les malades atteints de cette affection, on note l'existence d'énormes masses ganglionnaires aux aines, dans les aisselles, au cou, dans l'abdomen. La rate est quelquefois hypertrophiée, mais elle n'atteint jamais les dimensions qu'elle présente dans la leucémie. Il y a ordinairement une légère leucocytose qui ne dépasse guère 15 à 20.000 globules blancs, par millimètre cube. La formule hémoleucocytaire est à prédominance mononucléaire.

Chez ces malades, les irradiations dirigées sur les masses ganglionnaires provoquent assez rapidement leur diminution, parfois, en certains points, une disparition totale. Le sang reprend ses caractères normaux comme chiffre et comme répartition des leucocytes. Les œdèmes, dus le plus souvent à la compression des masses ganglionnaires, régressent à mesure que les ganglions diminuent de volume. L'état général s'améliore. Weil et Noiré (Soc. méd. des Hôp., juin 1905) ont publié récemment un cas de ce genre et, personnellement, j'ai eu l'occasion de traiter à l'Hôtel-Dieu avec succès un malade semblable. Ces cas sont encore en traitement et ne peuvent être considérés comme des résultats définitifs.

Anémie pernicieuse. — Rénon et Tixier ont appliqué encore cette méthode de traitement à deux cas d'*Anémie pernicieuse progressive* (Soc. Biologie, 1905, Soc. méd. des Hôp., mars 1906). Ils ont observé, après les séances, un accroissement du chiffre des hématies nucléées, ainsi que de myélocytes dans un cas ; dans l'autre, une augmentation notable du chiffre des globules rouges qui passait de 1.315.000 à 2.545.000, une amélioration de l'état général et une augmentation de poids de 44 à 49 kilogrammes.

Toutes ces tentatives sont encore trop récentes pour pouvoir être appréciées à leur juste valeur, mais elles sont très intéressantes et très encourageantes, étant donné qu'elles s'adressent à des maladies considérées jusqu'à ce jour comme incurables et devant lesquelles ont échoué tous les efforts de la thérapeutique.

Telles sont rapidement résumées les constatations qui ont été faites jusqu'à ce jour dans cette voie. Nous les avons exposées sans commentaires, telles que nous les avons recueillies dans les nombreuses observations publiées. Nous nous occuperons maintenant de chercher à ces constatations une explication rationnelle et de conclure à leur valeur au point de vue de l'avenir thérapeutique de la nouvelle méthode.

II. — Interprétation des faits

Les constatations intéressantes que nous venons de passer en revue ne sont jamais sorties du domaine de la clinique. Leur interprétation nous oblige à étudier le côté expérimental de la question. C'est la seule façon d'aborder fructueusement le problème.

Dans ces recherches, on a tenté d'élucider l'action des rayons de Rœntgen sur les organes hématopoïétiques : rate, tissu lymphoïde, moelle des os ; sur les éléments figurés du sang : globules blancs et globules rouges.

Quelques auteurs ont même supposé que ces rayons pouvaient agir directement ou indirectement sur le sérum et les humeurs et y déterminer des modifications biologiques favorables à la guérison du processus pathologique.

Les expérimentateurs se sont adressés à divers animaux, mais surtout : chiens, lapins et cobayes.

A. Action sur les organes hématopoiétiques. — Les premières recherches dans ce sens sont dues à Heineke (*Münch. med Wochen.*, 1903, 1904 et 1905), elles restent encore les plus importantes.

Rate. — Sur la *rate*, l'effet de ces rayons atteint tout d'abord les corpuscules de Malpighi. Leur action se manifeste quelques heures après l'application, huit à douze heures ; elle est achevée en vingt-quatre heures. Cette action est destructive. Elle provoque la fragmentation des noyaux des lymphocytes contenus dans les corpuscules de la rate ; ces fragments sont saisis par les phagocytes qui ne tardent pas à disparaître et bientôt il ne reste plus rien du corpuscule de Malpighi. Ces altérations se produisent très rapidement, avant aucune autre, en sorte que l'action des rayons pendant les premières heures paraît absolument élective sur les glomérules de Malpighi (Heineke).

Tissu lymphoïde. — Cette même action s'étend à tous les tissus lymphoïdes, ganglions lymphatiques, follicules clos de l'intestin et (chez les jeunes sujets seulement) thymus.

Cette réaction, en quelque sorte spécifique des tissus lymphoïdes, est obtenue avec une très courte exposition, un quart d'heure par exemple, sans que l'état général du sujet, ni ses téguments, soient soumis à la moindre altération. Les cellules épidermiques ne sont donc pas, comme on l'a cru longtemps, les plus sensibles à l'action des rayons de Rœntgen.

En résumé, les recherches expérimentales d'Heineke montrent que l'influence des rayons X sur le tissu lymphoïde se manifeste par une action essentiellement destructive, portant principalement sur le glomérule de Malpighi. Il paraît donc rationnel d'utiliser cet agent au point de vue thérapeutique dans une maladie qui, comme la leucémie, s'accompagne d'un développement exagéré de ce tissu. On y trouve, en effet, une hypertrophie énorme de la rate, dans laquelle les glomérules de Malpighi peuvent arriver à atteindre le volume d'une noix. Une hyperplasie considérable des follicules clos de l'intestin qui parfois arrive à donner un aspect tout à fait particulier et remarquable au tractus intestinal. Un développement anormal de certains ganglions lymphatiques. Il est probable qu'à cette hyperproductivité de tissu adénoïde correspond un hyperfonctionnement pathologique. Les centres germinatifs de Flemming, situés au milieu des follicules, sont des foyers très actifs de production des globules blancs, on conçoit qu'ils puissent contribuer énergiquement à entretenir l'exagération du chiffre des leucocytes. Les irradiations auraient donc une double action destructive sur le chiffre des globules blancs et sur le volume de la rate. Toutefois la régénération de ces organes, après les irradiations, est assez rapide.

Moelle osseuse. — Heineke a poursuivi des recherches expérimentales analogues sur la moelle osseuse (XXXIVe Congrès de la Soc. allemande de chirurgie, 1905 ; *Deutsche Zeitsch. f. Chir.*, LXXVIII, 1905), qui, tout en étant moins sensible que le tissu lymphoïde à l'action des rayons Rœntgen, présente cependant une réaction assez nette. Après les premières séances, on assiste à une régénération manifeste des cellules de la moelle, mais si l'action est continuée on finit par aboutir à la dégénérescence graisseuse et on voit la moelle rouge active se transformer peu à peu en moelle jaune.

Milchner et Mosse *(Berliner klin. Wochen.*, 1904) ont obtenu, sur des lapins, des résultats analogues et ils concluent de leurs observations que les rayons de Rœntgen sont susceptibles de procurer une amélioration dans les cas de leucémie par une destruction du tissu lymphoïde et du tissu myéloïde.

Aubertin et Beaujard (Soc. Biologie, 4 fév. 1905) ont vu également les mêmes modifications du tissu lymphoïde et de la moelle des os chez leurs lapins en expérience.

B. Action sur les éléments figurés du sang : *Globules blancs.* — Dans le sang normal, ce sont encore les globules blancs qui sont le plus influencés par ces rayons. Si on irradie des animaux bien portants, des lapins par exemple, ainsi que l'ont fait Aubertin et Beaujard, et si l'on pratique l'examen du sang au cours de l'expérience, on voit se succéder trois phases distinctes.

Dans la première se produit une leucocytose à formule polynucléaire ; dans la seconde on voit apparaître une légère myélocytose par irritation de la moelle osseuse et passage, dans le courant sanguin, des cellules mères de cette moelle ; enfin, dans la troisième, on voit se produire une véritaple leucopénie par suite de la dégénérescence des centres leucocytopoïétiques (Aubertin et Beaujard).

Globules rouges. — Quant aux globules rouges, ils sont peu influencés et ils opposent une résistance très remarquable à l'action des rayons de Rœntgen (Milchner et Mosse, *Berliner klin. Wochen.*, 1904). Cette résistance des globules rouges a été confirmée par Bärmann et Linser (*Munch. med. Wochen.*, 1905), elle est très favorable à l'application de la méthode radiothérapique.

Helber et Linser (*Munch. med. Wochen.*, 1905) ont réussi à faire disparaître totalement ou presque, les leucocytes chez des chiens, des lapins et des rats exposés aux rayons X. Ni le radium, ni les rayons ultra-violets n'ont pu leur donner un effet semblable. Toutefois, ces auteurs donnent du phénomène une explication un peu différente de celle des auteurs précédents : Heineke, Milchner et Mosse, Aubertin et Beaujard, qui admettaient une altération des organes leucocytopoïétiques. Helber et Linser croient à une destruction primitive des leucocytes dans le sang : ils se basent sur ce que, lorsque les leucocytes ont complètement disparu du sang, on en retrouve encore en abondance dans la rate et la moelle des os. Du reste, les rayons détruiraient également les leucocytes *in vitro*. Cette action destructive porterait principalement sur le noyau, car après les irradiations on trouverait dans le sang un certain nombre de corps protoplasmiques, dépourvus de noyaux.

Cette altération s'étendrait aussi au protoplasma et aux granulations leucocytaires. Ledingham et Mc. Kerron (*Lancet*, 1905) ont vu que certains leucocytes de transition présentaient des granulations couleur terre de Sienne et un protoplasma vacuolaire. Rosenbach (*Münch. med. Wochen.*, 1905) ne croit pas à l'exactitude des explications de Helber et Linser. Il croit que, sous l'influence de l'irritation momentanée de la peau, produite par les irradiations, les leucocytes pourraient se fixer dans ces parties irritées et disparaître du torrent circulatoire. Il faudrait faire un examen histologique de la peau avant de se prononcer. L'auteur ne croit pas non plus à une insuffisance leucocytaire, par destruction partielle des organes leucocytopoïétiques ; du reste, cette insuffisance ne serait que transitoire et en rapport plutôt avec un phénomène d'inhibition.

Leucocytose expérimentale. — Tout récemment Brigante-Colonna (*Il Polyclinico*, 1906) a cherché à voir comment se comportait, en face des rayons de Rœntgen, la leucocytose expérimentale. Ses expériences ont porté sur le chien et ont été divisées en trois séries :

1re série. — Séance de quinze minutes, quotidienne sur la rate, les animaux n'ayant subi aucun traitement préalable. Modifications insignifiantes du nombre des leucocytes.

2e série. — Injection préalable d'essence de térébenthine et irradiation dans les mêmes conditions que précédemment. Chez les animaux témoins non irradiés, leucocytose térébenthinée importante ; les globules blancs montent à 28.000, et ne redescendent que très lentement au chiffre normal, vingt jours, en moyenne. Chez les animaux irradiés la leucocytose ne dépasse pas 10 000, et dès le deuxième jour retombe au chiffre normal.

3e *série.* — Même expérience ; mais irradiation, seulement après l'apparition de la leucocytose térébenthinée. L'abaissement est rapide et intense. Toutefois, cette action n'est que temporaire, il suffit de cesser les irradiations pendant un jour, pour voir s'élever le chiffre des leucocytes.

Leucémie. — Dans la *Leucémie myélogène*, nous avons vu précédemment comment les choses se passaient. D'abord, leucocytose polynucléaire immédiate, puis après une série d'oscillations, abaissement au-dessous du chiffre primitif. Il semblerait que dans ce cas l'action des rayons X soit double : émigration et destruction. Sur les polynucléaires, la destruction est faible, l'émigration évidente (hyperleucocytose polynucléaire); sur les mononucléaires myélocytes et lymphocytes, la destruction prédomine, l'émigration est trop légère et peut passer inaperçue (Beaujard).

En somme, dans tous ces cas, les choses se passent à peu près de même. Le premier phénomène qui suit l'irradiation, c'est l'émigration polynucléaire qui se traduit par une leucocytose polynucléaire. Ce phénomène est à peu près constant.

Le deuxième consiste dans une faible émigration mononucléaire (myelocytes et lymphocytes). Dans la leucémie où la proportion des mononucléaires est déjà considérable, le fait passe inaperçu. Chez les animaux à sang normal cette phase se traduit par une myelocytose passagère et faible.

Enfin, en dernier lieu, l'action irradiante produit la destruction des leucocytes et prolongée elle aboutit fatalement à la leucopénie, soit qu'on admette avec les uns la dégénérescence des centres leucocytopoïétiques, soit qu'on se rattache, avec les autres, à l'idée de la destruction primitive des lymphocytes et mononucléaires dans le torrent circulatoire.

C. Action sur le Sérum et les Humeurs. — Certains auteurs n'ont pas été convaincus de l'action directe des rayons sur les leucocytes.

Arneth (*Berlin. klin. Wochen.*, 1905 et *Münch. med. Wochen.*, 1905) déclare que les conditions expérimentales réalisées sur des animaux sains, s'écartent tout à fait trop de celles qui existent chez l'homme leucémique. Si la radiation provoquait la destruction des leucocytes circulants, le fait devrait être constant dans la leucémie. On ne s'expliquerait pas l'accroissement des leucocytes observés immédiatement après les irradiations chez les leucémiques. Arneth croit que l'explication la plus rationnelle consisterait à admettre l'existence dans le sang des leucémiques d'un *virus* infectieux qui arrive périodiquement à maturité et périodiquement sature le sang. L'exposition aux rayons de Rœntgen aurait pour effet de détruire ce virus.

Smith (Soc. Radiol. Améric., 1905) croit que les rayons X, en détruisant les tissus ganglionnaires, mettent en liberté une *leucotoxine* qui détruit les leucocytes déjà formés ou bien qui exerce une action inhibitrice sur la formation des leucocytes. dans la moelle osseuse.

Hoffmann, de Dusseldorf (Congrès de Wiesbaden, 1905), dans un cas de leucémie où la radiothérapie avait amené un abaissement considérable du chiffre des leucocytes, a mélangé le sérum du malade ainsi traité, avec du sang d'un autre leucémique, non encore traité par les rayons X. Au bout de vingt-quatre heures de séjour à l'étuve, il a trouvé que les leucocytes de ce sang leucémique étaient dégénérés. Il n'a pu obtenir aucun effet sur les leucocytes d'un sang non leucémique.

Toutes ces considérations sont évidemment intéressantes, mais ne sortent guère du domaine de l'hypothèse.

En somme, aussi bien au point de vue expérimental qu'au point de vue clinique, l'action principale des rayons de Rœntgen est celle qu'ils exercent sur les globules blancs. C'est peut-être grâce à la richesse de leurs noyaux en lécithine que les leucocytes sont particulièrement atteints.

Schwartz (*Arch. f. die gesamte Physiol.*, 1903) a montré que les rayons de Becquerel avaient une action spéciale sur la lécithine.

Un assistant de Czerni : Werner (*Münch. med. Wochen.*, 1905), a vu que les rayons X rendent cette substance nuisible pour les tissus, elle est décomposée probablement en choline. Une injection sous-cutanée de cette lécithine altérée, produit de la rougeur, des phlyctènes et de la nécrose. L'intensité de cette action dépend plus du degré de décomposition de la lécithine que de la quantité injectée. Des injections de choline donnent le même résultat.

Ces données ont été confirmées par Hoffmann et Schulz (*Wien. klin. Wochen.*, 1905) et par Schalchta (*Münch. med. Wochen.*, 1905), qui a montré que la lécithine ozonisée produisait les mêmes effets que celle traitée par les rayons X. Il se pourrait aussi que les irradations agissent directement sur la matière albuminoïde. Bordier et Galimar (*Lyon Méd.*, 1905), ont montré que dans les œufs surexposés aux rayons, l'albumine devenait plus fluide, moins visqueuse, plus difficilement coagulable par la chaleur, et moins attaquable par les sucs digestifs.

Que conclure pratiquement, de toutes ces intéressantes recherches expérimentales? Peuvent-elles éclairer la nature intime de la maladie qui nous occupe, et nous renseigner sur le rôle thérapeutique exact des rayons de Rœntgen sur son évolution?

Nous sommes bien obligés d'en convenir, l'heure de la conclusion claire et pratique n'a pas encore sonné. Trop d'inconnues obscurcissent les données anatomiques, physiologiques et pathologiques qui devraient servir de base à l'hématologie et à l'hématopoïèse. Nous ne savons rien de précis sur la genèse des globules blancs qui paraissent être la clef de voûte du système. Faut-il croire, avec Erlich, à une double origine des leucocytes : Polynucléaires dans la moelle osseuse, Lymphocytes dans le tissu adénoïde? Faut-il avec les tendances unicistes qui gagnent tous les jours du chemin, admettre l'existence d'un leucocyte unique à multiples transformations? Un jour prochain nous en apportera l'assurance.

Mais tant que ces questions d'anatomie et physiologie générales normales ne seront point résolues, nous devons nous résigner à rester dans le doute parce que nous n'avons pas de base solide et sûre de discussion. Nous devons nous résigner à laisser dans une brumeuse incertitude la pathogénie intime de la leucémie. Mais nous devons aussi rassembler soigneusement tous les faits d'observation et d'expérimentation fournis par la radiothérapie, pour pouvoir en tirer des enseignements clairs et pratiques, le jour où, grâce aux conquêtes de la médecine générale, nos applications thérapeutiques cesseront de confiner à l'empirisme.

III. — Résultats obtenus et valeur thérapeutique de la méthode

Tous les auteurs sont d'accord sur un point. Le résultat à obtenir est fonction de la marche de la maladie. Tous les cas heureux se rapportent à la leucémie chronique. Dans les formes aiguës et subaiguës le traitement radiothérapique est resté impuissant. La marche de l'affection est trop rapide, pour que les modifications lentes et progressives que nous avons décrites aient le temps de s'opposer à l'évolution du mal. Dans les formes chroniques, au contraire, on obtient presque toujours quelque chose, exception faite pour des cas très graves, soumis tardivement au traitement, chez des malades déjà affaiblis et cachectiques. Toutefois, les résultats sont loin d'être toujours identiques.

Guérison apparente. — Dans certains cas, on obtient une complète transformation. On voit tous les symptômes physiques et fonctionnels s'atténuer et même disparaître entièrement. C'est une véritable résurrection. La prudence nous oblige cependant à ne prononcer encore que le terme de guérison apparente. Je dis apparente, parce que la disparition des symptômes ne nous garantit pas la suppression de la cause de la maladie, qui reste toujours inconnue ; parce que, comme nous le verrons tout à l'heure, on voit parfois des récidives succéder à ces améliorations ; parce que, dans les cas où ces récidives n'ont pas eu lieu, les malades n'ont pas été observés assez longtemps, pour qu'on puisse répondre de l'avenir. Tout incomplets qu'ils sont, ces résultats n'en sont pas moins merveilleux et très encourageants dans une affection où, jusqu'alors, on était condamné à l'expectative.

Rémission. — Chez certains malades, on est moins heureux, l'amélioration est plus superficielle, ou reste limitée à tel ou tel symptôme. La rate demeure grosse ; la diminution de volume est insignifiante, le chiffre des globules blancs reste élevé, bien qu'ayant diminué dans de grandes proportions, il se cantonne irréductiblement autour de 40.000 à 50 000. Les polynucléaires ne récupèrent pas leur pourcentage normal. Toutefois, il semble que la maladie subit un arrêt favorable, et cette trêve bienfaisante peut être mise à profit par l'organisme pour remonter l'état général. Ce n'est plus une guérison, mais une rémission qui peut se chiffrer par plusieurs mois de survie.

Mort. — Enfin, dans quelques cas graves, la mort survient malgré le traitement. Ordinairement, elle est due à l'évolution progressive des symptômes, chez des malades affaiblis, cachectiques, œdématiés, albuminuriques. Cependant, dans quelques rares observations, la mort est survenue malgré une amélioration symptomatique manifeste, ce qui montre péremptoirement que la disparition de certains symptômes, même cardinaux, de la leucémie ne modifie en rien sa marche progressive et fatale. Stone (*Journ. of Amer. Ass.*, 1904) cite un malade chez lequel il avait obtenu une diminution de la rate, une amélioration de l'état général ; le chiffre des leucocytes était tombé de 226.000 à 10.000 ; la proportion des myélocytes de 52 pour 100 à 0,50. Malgré tout, il succomba, en l'espace de quelques jours. Schieffer (*Münch. med. Wochen.* 1905) a vu un de ses malades étonnamment amélioré, mourir quatorze jours après la cessation du traitement. Un malade de Capps et Smith est mort malgré un abaissement du chiffre des globules blancs, de 260.000 à 9.000 ; avec disparition des myélocytes. La diminution trop considérable du nombre des leucocytes n'est donc pas toujours un symptôme favorable. Il semble même, que, dans toutes les observations où on a atteint la leucopénie, le résultat a été mauvais.

Eléments de pronostic. — Les éléments de pronostic doivent se tirer surtout de l'état général et, comme l'ont montré Renon et Tixier *(Soc. méd. des Hôp.*, 1905), de la proportion du chiffre des hématies, de la quantité d'hémoglobine, et de la régularité de la courbe thermique. Pour qu'un malade reste dans des conditions favorables, il faut que le chiffre des globules rouges se maintienne à la normale; ou y remonte, s'il était tombé au-dessous. Il faut que la quantité d'hémoglobine ne baisse pas, et que l'apyrexie persiste. Si ces conditions ne sont pas remplies, le malade succombe, comme ceux de Stone, de Schieffer, de Capps et Smith, malgré la diminution de volume de la rate ; et l'abaissement parfois énorme du chiffre des globules blancs. Rénon et Tixier insistent encore sur ce fait, que le maintien de l'équilibre leucocytaire est plus important, au point de vue pronostic, que l'abaissement global du chiffre des leucocytes.

Récidives. — Très souvent, l'action des rayons de Rœntgen chez les leucémiques n'est que temporaire, et on assiste à des récidives. Ces récidives peuvent être partielles ou totales, aiguës ou chroniques, uniques ou multiples.

Hynck *(Sbornick kliniky*, VI, 1904), après avoir obtenu chez un malade une guérison apparente, a vu survenir deux rechutes bénignes et partielles. Ces recidives ont porté uniquement sur les éléments figurés du sang, augmentation du chiffre des leucocytes, et modification de l'équilibre leucocytaire. L'état général continuait à demeurer satisfaisant et la rate n'avait pas à nouveau augmenté de volume.

Dans nombre de cas, au contraire, les récidives portent sur tous les symptômes à la fois : rate, sang, état général.

Ahrens *(Münch. med. Wochen.*, 1905) a signalé une récidive aiguë survenue chez un de ses malades en état de guérison apparente. Cette récidive fut déterminée par de grandes fatigues.

Enfin, les récidives sont parfois multiples, et Bozzolo (15e Congrès de la Soc. Ital., Gênes, 1905) a observé, que l'action favorable des rayons X diminue proportionnellement au nombre des récidives.

Complications. — Diverses complications peuvent être observées au cours du traitement. Parmi celles qui seraient imputables à l'action des rayons X nous citerons, en dehors des accidents cutanés bien connus, et sur lesquels nous n'insisterons pas : la pleurésie. Quadrone *(Sem. med.*, 1905) a observé deux fois cette complication et l'attribue aux irradiations. Le premier cas se rapporte à une fillette de douze ans, traitée pour une pseudo-leucémie lymphatique, d'origine tuberculeuse. L'épanchement se produisit après la quinzième séance, après la vingtième il avait beaucoup augmenté : on retira 1 litre et demi par thoracentèse, la pleurésie était tuberculeuse.

L'autre observation se rapporte à un homme de vingt-huit ans. Dès la cinquième séance on note de la matité à la base gauche. Après la neuvième on doit faire une ponction (pleurésie tuberculeuse). Après un mois et demi de repos, la pleurésie était bien guérie On reprend le traitement, et on est obligé bientôt d'y renoncer, en raison de nouveaux accidents pleuraux. Chez ces deux malades, la pleurésie a été unilatérale, et du côté irradié. Herz (*Wien. klin. Wochen*, 1905) et Lourmel (*Münch. med. Wochen.*, 1905) ont observé chacun un cas où le malade fut enlevé au cours du traitement par une pneumonie intercurrente. Mais, contrairement à Quadrone ces auteurs n'incriminent nullement l'action des rayons X dans la genèse de ces complications.

Technique. — La technique employée par les divers opérateurs a peu varié, quant aux points d'application. Le principal organe à atteindre, c'est la rate; pour certains auteurs, même (Hoffman-Penzoldt), il faudrait borner là ses applications. Cependant, la plupart admettent que les irradiations du sternum, des extrémités des os longs (coudes, genoux), des ganglions lymphatiques, ne doivent pas être négligées. Elles doivent être faites, avec des rayons suffisamment pénétrants (n° 7 et n° 8 du radiochronomètre de Benoist), pour atteindre les organes profonds.

Quant à la durée et à la fréquence des séances, tout a été dit. Je crois, pour ma part, qu'il est impossible de fixer des règles absolues à cet égard, et qu'il faut tenir le plus grand compte des malades, et de la marche de la maladie. Il faut être prudent, et suivre très soigneusement les malades, au point de vue clinique, et hématologique. Il ne faut pas brusquer les choses, il serait désastreux de vouloir rapidement, et quand même, amener une diminution de la rate et des leucocytes, sans tenir compte de l'état général. Il faut surtout se garder d'arriver à la leucopénie qui semble correspondre à un épuisement de l'organisme, à une dégénérescence des centres leucocytopoïétiques. Le traitement doit être poursuivi avec patience et longtemps prolongé. Je suis, avec Bozzolo, partisan des séances en série, par périodes espacées, avec intervalles de repos,

Dans les formes chroniques, c'est la méthode qui donne les meilleurs résultats Seules les formes aiguës ou subaiguës pourraient nous amener à nous départir de cette prudente conduite ; mais ce serait une pure perte, puisque dans ces formes les résultats ne sont jamais satisfaisants.

Conclusions. — Il est difficile de formuler, dès à présent, des conclusions définitives, sur une méthode de traitement aussi neuve et s'appliquant à des maladies aussi mal connues que celles du sang et des organes hématopoïétiques. La plupart des observations publiées jusqu'à ce jour présentent encore bien des lacunes. Aucun malade surtout n'a été suivi assez longtemps. Deux observations d'Evans (*Am. medicin.*, 1904) se rapportent à des cas suivis dix-sept et dix-neuf mois. Les autres varient, en moyenne, entre quatre et douze mois, beaucoup n'ont pas été revus. Il faut donc attendre que l'épreuve du temps ait fait justice des enthousiasmes irréfléchis et des dédains injustifiés. Sachons nous tenir dans une sage réserve, bornons-nous à l'étude impartiale des faits bien observés, et ne discréditons pas la méthode en lui faisant promettre plus qu'elle ne peut donner.

Il est absolument certain qu'il n'existe, à l'heure actuelle, aucun cas de leucémie bien observé et définitivement guéri par la radiothérapie. La valeur curative des rayons X, dans les maladies des organes hématopoïétiques et du sang, reste donc encore à démontrer. Il n'en est pas moins vrai que cette méthode de traitement a donné des résultats palpables, indéniables, matériellement constatés par la clinique et le laboratoire.

Dans quelques cas, ces résultats ont pu être qualifiés de merveilleux. Il est certain qu'aucune autre méthode, actuellement connue, n'a donné des améliorations comparables.

La puissance d'action de la radiothérapie est considérable ; il reste à en régler les conditions d'application et à en déterminer de plus en plus exactement les effets.

Ce que nous devons affirmer, c'est que ce traitement doit être dirigé avec prudence et jugement. Il importe que l'opérateur soit surtout un clinicien et quelque peu un hématologiste ; qu'il suive très soigneusement les transformations cliniques locales des organes, les modifications de l'état général, le fonctionnement des organes hématopoïétiques, les fluctuations hémoleucocytaires, de façon à baser sur ces constatations la ligne de conduite à suivre.

Avec ces restrictions prudentes, la méthode radiothérapique est à recommander, car elle est la seule qui soit assez puissante pour imprimer une allure favorable à la marche progressive et fatale de la leucémie, ainsi que de toutes les autres maladies chroniques du sang et des organes hématopoïétiques.

Lyon. — Imp. A. Rey, 4, rue Gentil. — 42837

www.ingramcontent.com/pod-product-compliance
Lightning Source LLC
LaVergne TN
LVHW010258230826
846091LV00007B/3028
9782013249409